철학의 힘
자유

철학은 시험을 위한 어려운 지식이 아닙니다.
내가 누구인지, 어떻게 살아야 할지, 스스로 묻고 답해 보는
생각의 훈련이자 삶을 바꾸는 힘입니다.
『철학의 힘 시리즈』는 '진실', '행복', '자유', '예술' 등의 주제를
철학자들의 눈으로 풀어내어,
내 안의 **욕망, 감정, 불안, 혼란**을 돌아보며
스스로 선택하고 책임지는 힘, 넘어져도 다시 일어나는 **회복력**을 길러 줍니다.
프랑스 바칼로레아 철학을 **만화로 쉽고 재미있게** 만나 보세요.
생각이 깊어지고, 나만의 기준이 생기고, **논리력과 마음의 근력**이 쑥쑥 자랍니다.

Toute la Philo en BD : La Liberté by Martine Gabrove & Emilie Boudet ⓒ 2022 Belin Éducation
& la Boîte à Bulles- All rights reserved.

본 저작물의 한국어 판권은 Humanoids Inc. 와 Pauline Kim Agency를 통해
Humanoids Inc.와의 독점 계약으로 (주)맥스교육(맥스미디어)에 있습니다.
한국 내에서 저작권법에 따라 보호를 받는 책이므로 무단 전재 및 무단 복제를 금합니다.

생각을 뒤흔드는
철학 만화 ❸

철학의 힘

글 마르틴 가스파로브 | **그림** 에밀리 부데
번역 장진영

자유

추천의 글

박찬국
서울대학교 철학과 교수

    사람들은 보통 철학을 매우 난해하다고 생각한다. 그러나 나는 철학이 어떻게 전달되느냐에 따라 매우 이해하기 쉬운 학문이 될 수 있다고 생각한다. 철학은 물리학이나 생물학과 같은 개별 학문들처럼 우리가 전혀 몰랐던 사실을 알려주는 학문이 아니다. 우리는, 뉴턴이나 아인슈타인이 만유인력의 법칙이나 상대성 원리 등을 발표하기 전에는 그러한 것들이 존재한다는 사실조차 알지 못했다. 생물학이 DNA를 발견하기 전에 우리는 DNA가 존재한다는 사실을 전혀 알지 못했다. 이에 반해 철학은 우리가 이미 암암리에 알고 있는 것들을 개념적으로 명료하게 표현해 주는 학문이다.

    칸트는 철학의 모든 물음이 "인간이란 무엇인가"라는 질문으로 귀결된다고 했는데, 우리는 인간이 무엇인지를 부지불식간에 알고 있다. 바로 이 때문에 우리는 "A는 인간이고, B는 인간이 아니다"라고 말할 수 있다. 또한 철학이 다루는 주제 중 하나가 행복인데, 우리는 행복이 무엇인지에 대해서도 이미 어렴풋이 알고 있다. 우리가 '나는 행복하다'든가 '불행하다'든가라고 말할 수 있는 것도 그 때문이다. 행복이 무엇이고, 어떻게 하면 행복해질 수 있는지를 개념적으로 분명하게 분석하고 표현하는 철학의 분야가 윤리학이다. 우리는 어떤 것을 보면서 그것을 예술작품이라고 부르고, 그것을 아름답다고 말한다. 이는 우리가 예술작품이란 무엇이며 아름다움이 무엇인지를 이미 알고 있다는 것을 의미한다. 예술이란 무엇이고, 예술작품이 표현하는 아름다움이란 무엇인지를 명료하게 드러내는 철학의 분야가 예술철학이다.

    철학은 이렇게 우리가 암암리에 알고 있는 것을 명료하게 설명해 주는 학문이다. 따라서 나는 철학이 다른 학문들과는 달리, 철학을 전혀 접하지 않은 사람들에게도 얼마든지 쉽게 풀어서

이해시킬 수 있는 학문이라고 생각한다. 이런 점에서 『철학의 힘』 시리즈는, 철학이라는 학문이 지닌 이러한 특성을 탁월하게 보여 준 책들이라고 생각한다. 철학적 주제들에 대한 이 책의 설명은, 철학을 처음 접하는 사람들도 누구나 이해할 수 있을 정도로 핵심을 정확하면서도 간단명료하게 표현하고 있다. 더구나 이 책은 만화를 활용해 철학적 내용을 훨씬 더 구체적이면서도 흥미롭게 전달하고 있다.

이 책의 장점은 여기서 그치지 않는다. 만화를 이용한 보통의 철학서들은 재미있고 쉽게 전달한다는 명분 아래, 철학적 내용을 피상적으로 소개하는 경향이 많았다.

이에 반해, 이 책은 철학 전문가가 보기에도 상당히 깊이 있는 내용을 담고 있다.
또한 그동안 나온 만화 철학서들이 내용과 별로 상관없는 농담을 많이 사용해 책의 격을 떨어뜨렸으나 이 책에서는 그런 점을 찾아보기 힘들다.
더 나아가 보통의 만화 철학서들이 그림을 과장되게 그리는 경향이 있는 반면, 이 책의 그림들은 절제가 있다.

이런 점에서 이 책은 그동안 나온 만화 철학서 중에서 독보적이며, 내용과 그림 모두가 높은 격조를 갖추고 있다.

어린이부터 성인까지, 나이에 상관없이 모두에게 일독을 적극 권하고 싶다.

추천의 글

이충녕
철학 작가

인생을 살며 꼭 한 번 고민해 봐야 할 철학적 주제들을 재치 있고 흥미롭게 풀어낸 책. 진실, 행복, 자유, 예술에 담긴 다층적인 의미를 여러 철학자의 사상을 통해 새롭고 입체적으로 그려낸다.

진실, 행복, 자유, 예술은 우리 삶의 중심적인 가치이자 목적이다. 하지만 이에 대해 깊이 생각해 볼 기회는 흔치 않다. 특히 한국처럼 전 국민이 어릴 때부터 비슷한 길을 당연하게 걸어가는 사회에서는 그 기회가 더욱 적다. '내가 무엇을 좋아하는지 모르겠다', '뭘 하고 살아야 할지 모르겠다'는 말은 최근 2030 직장인들에게서 가장 흔히 들을 수 있다. 이는 가치에 대한 고민이 소홀히 여겨진 사회에서 성장했기에, 홀로서기를 할 시기가 되자 자기 자신에 대한 고민이 한꺼번에 터져 나온 결과이다.

『철학의 힘』은 이런 고민을 덜어주는 책 시리즈다. 혼자 생각하는 것보다 훨씬 더 다양한 각도에서 삶의 심층적인 주제를 들여다볼 수 있다. 고대부터 현대까지 철학자들이 진실, 행복, 자유, 예술에 대해 어떤 참신한 견해를 발전시켰는지 한눈에 조망할 수 있다. 만화 형식으로 구성되어 있어 이해하기 쉽고 유쾌하면서도 깊이를 놓치지 않았다.

철학을 배운다는 것은 단순히 이론을 아는 것이 아니라 스스로 생각하는 법을 익히는 일이다. 『철학의 힘』 시리즈는 바로 그 '생각하는 법'을 일깨운다. 단순히 지식을 나열하는 데 그치지 않고, 서로 다른 생각을 가진 철학자들끼리 벌이는 논쟁의 과정을 보여줌으로써 사유의 역동성을 드러낸다. 또한 만화를 통해 우리의 일상적 장면과 지적 주제를 연결시켜, 철학을 피부에 와닿는 성찰로 이끈다.

　그렇다면, 이 책은 누가 읽으면 가장 좋을까? 먼저 청소년이다. 이 책은 청소년을 주요 독자로 삼아 삶의 지혜를 친절하게 전달한다. 어른이 청소년에게 줄 수 있는 가장 큰 선물은 세상을 스스로 이해할 수 있는 힘을 키워주는 것이다. 그 어떤 값비싼 물질적 지원보다도 생각의 힘을 물려주는 것이 가장 결정적인 유산이다.

　이 책은 청소년이 스스로 판단하고 결정할 수 있는 사고력을 길러준다. 깊이 있는 질문을 던지게 하고, 정답에 머무르지 않고 사유를 지속하게 한다. 또한 내면으로 깊이 들어가는 성찰을 통해 스스로의 감정과 욕망을 돌아보고, 더 나은 미래를 설계할 수 있도록 도와준다. 더 나아가 사회에 대한 이해도 심화시킨다. 인간이라면 누구나 겪게 되는 공통적인 고민을 들여다보며, 자신만의 닫힌 세계를 벗어나 타인과 함께 호흡하는 사회적 세계로 관심을 확장하도록 이끈다.

　이렇듯 기본적으로는 청소년에게 큰 도움이 되는 책이지만, 어른이 읽어도 그 가치는 전혀 줄어들지 않는다. 어른이 되어 동화책을 다시 읽을 때, 이전과는 다른 관점에서 더욱 뜻깊은 감상을 하게 되듯, 이 책을 어른의 눈으로 읽으면, 익숙함 속에 굳어져 있던 사고의 틀을 벗어나 진실, 행복, 자유, 예술을 신선한 각도에서 바라보게 될 것이다.

　지금 철학이라는 단어가 어렵게 느껴진다면, 이 책이야말로 철학의 세계에 들어서는 가장 좋은 첫걸음이 될 것이다. 독자 자신에게 던지는 첫 질문에서 시작해, 개념의 다층적인 의미를 파고드는 사유의 여정을 따라가 보자.

차 례

추천의 글   6

1장   자유라는 말에는 어떤 의미가 담겨 있을까?   13

① 자유라는 말은 의미보다 더 큰 가치를 지닌다.   14
② 자유라는 개념 속에는 어떤 정의들이 숨어 있는가?   16
    생각 FLEX: 지금 바로 플레이되는 철학   21

2장   우리는 모든 선택에서 자유로운가?   27

① 선택은 그렇게 간단한 일인가?   28
    생각 FLEX: 지금 바로 플레이되는 철학   32
② 자유롭다는 것은, 언제나 자신의 선택에 책임을 진다는 것이 아닐까?   34
    📖 그림 이야기: 장 폴 사르트르와의 대화, 『실존주의는 휴머니즘이다』   34
    생각 FLEX: 지금 바로 플레이되는 철학   39
③ 📖 그림 이야기: 밀그램의 실험, 『권위에 대한 복종』   42
    생각 FLEX: 지금 바로 플레이되는 철학   50

3장   법은 우리의 자유를 제한하는가?   55

① 운명론은 자유의 적인가?   56
📖 **그림 이야기:** 오이디푸스 신화   56
생각 FLEX: 지금 바로 플레이되는 철학   59

② 결정론: 자연의 법칙에 복종함으로써 오히려 자유를 얻을 수 있을까?   60
📖 **그림 이야기:** 바다 앞에 선 인간의 예, 알랭의 『인간의 계략』   61
생각 FLEX: 지금 바로 플레이되는 철학   64

③ 법에 복종하는 것이 오히려 자유를 보장하는가?   66
생각 FLEX: 지금 바로 플레이되는 철학   70

④ 도덕법이 나의 자유의 토대인가?   72
생각 FLEX: 지금 바로 플레이되는 철학   76

4장   지혜로운 자만이 진정으로 자유로운가?   79

① 자유롭다는 것은 모든 욕망을 충족시키는 것일까?   80

② 자유롭다는 것은 일어나는 일을 기꺼이 받아들이는 것인가?   82
생각 FLEX: 지금 바로 플레이되는 철학   85

③ 자유롭다는 것은 필연성을 이해하는 것일까?   88
📖 **그림 이야기:** 스피노자와의 대화, 『쉴러에게 보낸 편지』   88
생각 FLEX: 지금 바로 플레이되는 철학   93

역자의 글   96

1장 자유라는 말에는 어떤 의미가 담겨 있을까?

① 자유라는 말은 의미보다 더 큰 가치를 지닌다.

우리가 살아가는 현실은 종종 제약과 억압으로 가득 차 있지만,
그럼에도 불구하고 우리는 모두 자유를 경험한다.
그렇다면, 이 자유라는 말은 도대체 무엇을 의미하는가?

폴 발레리
(1871-1945)

자유! 그것은 의미보다 가치가 더 큰, 실로 불편한 단어 중 하나입니다.

수많은 민족들이 자유를 위해 싸워 왔다.

외젠 들라크루아
민중을 이끄는 자유(1830)

자유는 자주 외쳐지는 말이며, 늘 논쟁의 대상이 되고….

저도 제가 하고 싶은 대로 할 자유가 있어요!

내 집에 살고 있는 한 그건 아니지!

심지어 더 깊은 논쟁으로 이어지기도 한다.

이 원주민들에게도 영혼이 있을까?
이들도 자유롭고 자율적인 존재일까?

그럼에도 자유는 우리를 매혹시키는 단어이다.

*자유여, 나는 너의 이름을 쓰노라.

시민 레지스탕스 위원회

* 프랑스의 시인 폴 엘뤼아르(Paul Eluard)의 시

자유는 인간의 삶에서 가장 기본적인 원칙으로 간주된다.

금지하는 것은 금지되어 있다

자유, 평등, 박애

자유를 둘러싼 논의가 종종 혼란에 빠지는 이유는, '자유'라는 단어에 의미가 없어서가 아니라, 너무나 다양한 의미가 뒤섞여 있기 때문이다.

우리는 자유를 흔히 《자신이 원하는 것을 할 수 있는 능력》이라고 정의한다. 그러나 이러한 정의는 지나치게 막연하고 모호하여, 정확한 의미를 파악하기 어렵다.

자유라는 개념을 보다 명확히 이해하기 위해서는, 오히려 그것과 대립하는 것들을 통해 접근하는 편이 더 효과적이다. 즉, 의지를 방해하는 다양한 요인들을 구분함으로써, 우리는 여러 형태의 자유를 식별해 낼 수 있다.

철학적으로 볼 때, 자유는 다음 네 가지 관점에서 구분될 수 있다:

| 물리적 또는 신체적 제약으로부터의 자유 | 욕망과 정념으로부터의 자유 | 국가와 법률로부터의 자유 | 자연법칙과 필연으로부터의 자유 |

신체적 자유   도덕적 자유   정치적 자유   형이상학적 자유

② 자유라는 개념 속에는 어떤 정의들이 숨어 있는가?

고트프리트 빌헬름 라이프니츠
(1646~1716)
『신인간오성론』
(1765, 유작)

"자유라는 용어는 매우 모호합니다."

이 개념을 올바로 이해하기 위해서는 엄밀한 구분이 필요하다.
먼저 법적인 자유와 사실상의 자유를 구분하는 것에서 시작해야 한다.

> **법적인 자유**는 형식적인 자유로, 우리가 흔히 말하는 정치적 자유에 해당한다.
> 즉, 주권이 나에게 부여한 권리들을 뜻한다.

라이프니츠의 관점에서 보면,

노예는 자유롭지 않다.

군주나 통치자의 *신민(臣民) 역시 자유롭지 않다.

"폐하! 명을 받들겠습니다…"

하지만 가난한 사람도 부유한 사람만큼이나 자유롭다.

"자, 한잔하러 가세! 법적으로 금지된 건 아니잖아!"

[**핵심 정의**]

* **신민**: 군주의 권력에 종속된 개인.
자율적인 시민이 아니라, 복종의 위치에 있는 존재를 의미한다.

> 라이프니츠에게 있어 사실상의 자유는 두 가지 의미를 지닌다.
> 첫째, 자신이 원하는 것을 행할 수 있는 신체적 자유이다.

일반적으로 더 많은 **수단**을 가진 사람일수록
자신이 원하는 것을 더 자유롭게 실현할 수 있다.

「 핵심 정의 」

수단: 넓은 의미에서, 어떤 목적을 달성하는 데 필요한 것.

준비됐어, 아빠?

→ 여기서 말하는 자유는 개인에 따라 다르고,
심지어 같은 사람의 삶 속에서도 시점에 따라 달라지는
물리적인 능력을 말한다.

이러한 관점에서 보면,

감옥에 갇힌 사람은 자유롭지 않다.

신체 마비가 있는 사람은
자신의 신체를 자유롭게 사용할 수 없다.

→ 따라서 감금이나 질병은 **신체적 자유**에 대한 장애물이다.
왜냐하면 그것들은 우리가 평소 원하는 대로 자유롭게 움직일 수 있는
몸과 팔다리를 마음대로 쓸 수 없게 막기 때문이다.

**둘째, 사실상의 자유는 또한 의지의 자유를 의미한다.
이는 두 가지 다른 뜻으로 이해될 수 있다.**

→ 첫 번째 의미는 정념에의 예속과 반대되는 개념으로, 도덕적인 자유이다.

크나큰 욕망에 사로잡힌 영혼은 자유롭지 않습니다. 왜냐하면 그러한 영혼은 마땅히 그래야 할 방식, 즉 '숙고의 과정을 거친 판단'에 따른 바람을 가져야 하는데, 그럴 수 없기 때문입니다.

강한 욕망에 사로잡힌 사람의 영혼은
그 욕망에 종속되어 복종하는 노예와도 같다.

예컨대 도박에 집착한 사람은 마지막 남은 돈을
들고 카지노에 가서 베팅을 한다.
그는 그 돈을 잃을 가능성이 크며,
이는 결국 그의 몰락으로 이어질 수도 있다.

자유의 첫 번째 의미,
즉 신체적 자유의 관점에서 보면,
이 사람은 완전히 자유롭다. 그의 신체는
그의 의지를 따르며, 어떠한 물리적 장애도
그의 행동을 방해하지 않는다.

그러나 심리적 관점에서 보면,
그는 자신을 파멸로 이끄는 욕망에
굴복하고 있는 셈이다.
이는 도덕적 자유에 반하는,
내면의 강제에 복속된 상태라 할 수 있다.

그는 자신이 실제로 하는 행동(도박)과 자신이 원했어야 하는 행동(도박하지 않기) 사이에서, 보다 정확히는, 자신이 원하는 것과 자신이 원하고 싶었던 것 사이에서 '내적 갈등'에 사로잡혀 있다.

그러나 이 순간에는 도박하고 싶고, 이기고 싶은 욕망에 저항할 수 없어 휩쓸리는 느낌이다….

그러고 나서야 그는 스스로 허락한 패배에 대한 후회 또는 양심의 가책을 느끼게 된다.

모든 돈을 빨간색에 걸겠어요!

> 자유란 단지 의지와 그것을 실현할 수 있는 **신체적 수단** 사이의 관계에서만 결정되는 것이 아니다. 보다 근본적으로는 의지와 그것을 움직이게 만드는 *동기 사이의 관계에서 자유의 여부가 결정된다. 이러한 맥락에서 자유란, 욕망에 굴복하지 않고, 이성의 힘으로 의지를 끌어가는 능력으로 정의된다.
> 즉, 자유는 욕망의 지배에 대항하는 **이성의 주권**으로 이해할 수 있다.

「핵심 정의」 *동기: 어떤 행동을 하게 되는 이유.

→ 의지의 자유의 두 번째 의미는 *필연성과 반대되는 자유, 형이상학적 자유를 뜻한다.

> 「 핵심 정의 」 * **필연성**: 그렇게 될 수밖에 없는 것, 혹은 달리 될 수 없는 것.

내가 신체적으로 원하는 것을 할 수 있는 능력이 있고,
법이 이를 허용하며, 욕망이 잠잠해져서
이성의 소리를 듣고 있다면, 그때 나는 진정 자유로운 것인가?

→ 여기서 말하는 자유는
절대적 자유,
즉 **자유의지**를 가리킨다.
이 자유는 외적인 어떤 요소의 개입 없이,
오직 나 자신의 의지만으로
결정을 내릴 수 있는 능력을 의미한다.

그렇다면 이러한 자유는 실제로 존재하는가, 혹은 단지 환상에 불과한가?

운명론자에 따르면 우리의 모든 행위는 이미 예정되어 있다.

결정론자는 모든 사물과 사건이 — 우리의 결정까지도 — 어떤 원인에 의해 필연적으로 결정된다고 주장한다. 우리가 자유롭다고 느끼는 것은 우리를 결정짓는 원인을 알지 못하기 때문이다.

예정론을 따르는 일부 기독교 신학 전통에서는, 신은 시간의 제약 없이 인간의 행위와 생각, 나아가 인간의 모든 내면을 완전히 알고 있다고 여긴다. 이러한 신의 예지는 '신의 완전성과 전지성'에 근거한다.

→ 따라서 자유란 존재하지 않는다.

→ 우리는 우리를 결정짓는 원인들을 모르기 때문에, 자신이 자유롭다고 믿는다.

→ 이 경우, 인간의 자유는 더 정확히 정의될 필요가 있다.

> 정리해 봅시다

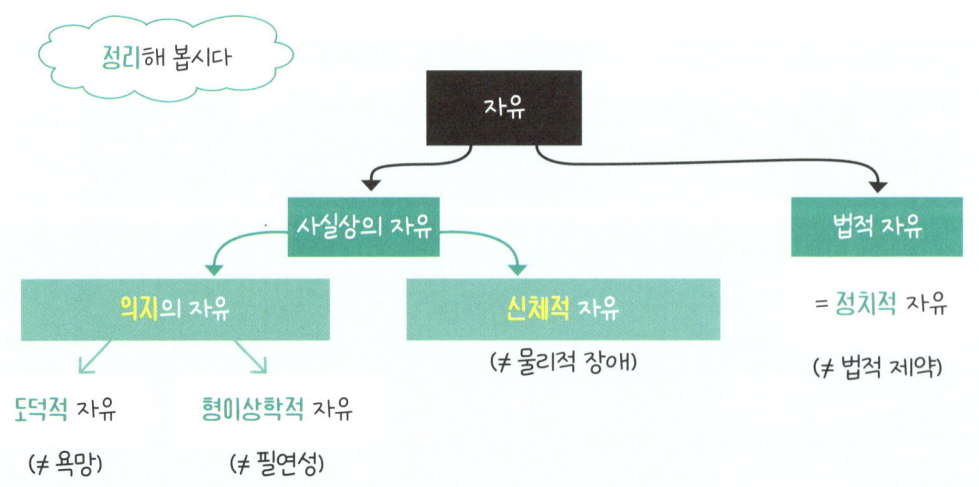

라이프니츠에 따르면, 진정한 자유로운 행위란
'충분한 이유에 근거하여 자발적으로 선택한 행위'입니다.
이는 단순한 충동이나 외부의 강요에 의한 반응이 아닌,
이성과 내적 질서에 따른 선택이어야 합니다.
그렇다면 내가 지금 하는 행동이 정말로 '내가 원해서' 한 것인지,
아니면 무의식적인 습관이나 외적 영향에 따른 것인지,
이를 점검하기 위해 다음 세 가지 질문을 던져 보기를 권합니다:

1. 이 결정은 순간적인 쾌락만을 위한 것인가, 아니면 지속적인 의미와 가치를 지향하는가?
2. 내가 이 행동을 원하게 된 근본적인 동기는 무엇인가?
단순한 욕망인가, 아니면 깊이 있는 성찰에서 비롯된 것인가?
3. 이 선택은 나의 자아를 확장시키는가, 아니면 소진시키는가?
내 안의 가능성을 실현하게 하는가, 아니면 나를 점점 더 수단화하는가?

이러한 질문들은 나의 '의지'가 단지 충동의 노예인지,
자유롭고 이성적인 판단의 주체로서 작동하고 있는지를 점검하게 해 줍니다.

지금, 여기에서 시작되는 살아 있는 철학.
나의 자유는 어떤 이유에 근거하고 있습니까?
생각의 문을 여는

지금 바로 플레이되는 철학!

고트프리트 빌헬름 라이프니츠
Gottfried Wilhelm Leibniz
1646년~1716년

"우리가 더 합리적으로 행동할수록, 우리는 더 자유롭다."

라이프니츠는 독일의 철학자, 수학자, 논리학자로, 미적분학의 공동 창시자이며 형이상학과 인식론 분야에서 독창적인 사상을 제시한 인물이다. 그는 철학에서 합리적 낙관주의를 주장하며 "신은 가능한 세계들 중 최선의 세계를 창조했다"라는 신정론을 전개하였다.

생애 독일 라이프치히에서 태어나 법률과 철학을 공부했으며, 이후 수학과 자연과학, 언어학, 공학 등 다방면에 기여했다. 그는 미적분법을 개발하여 아이작 뉴턴과 우선권 논쟁을 벌였고, 계산기를 발명했다. 라이프니츠는 유럽 전역을 여행하며 학문적 교류를 이어갔고, 왕실 학자로 활동하면서 과학과 철학의 발전에 크게 기여했다.

주요 저서 『단자론』, 『논리학적 결합법』, 『형이상학 서설』, 『변신론』 등.

철학적 및 과학적 기여
- **미적분학과 수학 표기법:** 미분과 적분학의 체계를 세웠으며, 그의 기호 체계는 오늘날에도 표준으로 사용된다.
- **이진법:** 현대 디지털 컴퓨팅의 근간이 되는 이진법 체계(0과 1)를 확립했다.
- **형이상학과 모나드론:** 『단자론』에서 우주가 '모나드'라고 불리는 단순하고 나눌 수 없는 실체로 구성되어 있으며, 우주 전체가 신이 조율한 조화 속에서 작동한다고 설명했다.
- **충분 이유의 원리:** 어떤 일도 '충분한 이유 없이는 일어나지 않는다'라는 원리로, 이는 신의 존재와 우주의 질서가 필연적으로 존재함을 논증했다.

깊은 철학적 통찰이 담긴 명언들

"우리는 항상 가장 강하게 기울어지는 방향으로 행동하며, 그 기울어짐이 이성적 판단에 의한 것이라면, 우리는 자유롭게 행동하는 것이다."

인간의 행동은 항상 어떤 동기에 의해 결정된다. 그런데 그 동기가 이성적 판단에 의해 형성된 것이라면, 그 행동은 자유로운 것으로 간주된다.

"진정한 자유는 우리가 어떤 이유에 의해서 행동하고 있음을 알면서도, 그 행동이 우리 자신으로부터 나왔다고 느낄 때 존재한다."

자유는 그 행동이 자기 자신으로부터 나왔음을 자각하는 것이다. 외부의 강제 없이, 스스로 그 이유를 이해하고 따르는 것이 '합리적 자유'이다.

"우리는 자유롭게 행동한다는 착각을 하지만, 실제로는 모든 행동이 이전 상태에 의해 결정된다."

인간의 자유로운 행동조차도 이전의 상태와 원인에 의해 결정된다. 그러나 결정론적 관점에서도, 이성적 판단에 따른 자발적인 행동은 자유로운 것으로 간주될 수 있다. 즉, 자유와 결정론은 양립이 가능하다.

- 『인간 오성 신론』, 『신정론』, 『형이상학 서설』에서 -

생각 FLEX : 지금 바로 플레이되는 철학

폴 발레리
Paul Valéry
1871년~1945년

"사고는 습관이다."

폴 발레리는 인간 정신, 의식, 의지, 그리고 인식의 한계에 깊은 관심을 가졌던 프랑스의 시인이자 사상가였다. 그는 진정한 자유란 '충동이나 본능에 따라 행동하는 것이 아니라, 사고의 규율과 내면의 훈련을 통해 얻어진다'라고 강조했다.

생애 1871년 프랑스 남부의 세트(Sète)에서 태어난 그는 문학과 철학을 공부하며 지적 여정을 시작했다. 초기에는 말라르메와 상징주의 시인들의 영향을 받았지만, 이후 자신만의 분석적이고 지성적인 스타일을 구축했다. 1925년에는 프랑스 아카데미 회원으로 선출되었으며, 다양한 강연과 에세이를 통해 유럽 문화에 지속적으로 기여했다.

주요 저서 『젊은 파르크』, 『정신의 위기』, 『현대세계의 고찰』, 『바리에테』, 『나의 파우스트』 등.

철학적 기여 발레리는 데카르트의 이성 중심주의와 수학적 사고방식에 깊은 영향을 받았으며, 이를 예술과 철학에 적용하고자 했다. 그는 절대적 진리나 이념을 경계하며, 모든 사유는 끊임없이 분석되고 갱신되어야 한다고 믿었다. 그의 사유 태도는 일종의 지성적 회의주의이며, 이는 단순한 비판을 넘어 지속적인 사유 훈련을 통한 자유의 추구를 뜻한다.

깊은 철학적 통찰이 담긴 명언들

"가장 큰 자유는 가장 큰 엄격함에서 태어난다."

자유는 단순한 방종이 아닌, 자기 통제와 내면의 규율, 즉 욕망에 휘둘리지 않고 스스로를 엄격하게 다스릴 수 있을 때 실현된다.

"정신의 자유와 정신 자체는 무역이 동시에 발전한 지역에서 가장 활발하게 꽃을 피웠다."

경제 활동과 정신의 자유 사이의 상관관계를 언급한 말로, 활발한 무역과 경제 활동이 이루어지는 지역일수록 예술, 아이디어, 정신적 가치의 생산이 더욱 왕성하게 이루어졌다.

"바람이 불어온다… 우리는 살아가야 한다!"

바람은 통제할 수 없는 힘, 즉 죽음, 시간, 변화를 상징한다. 어떤 불가피한 힘에 직면하더라도 우리는 살아가려고 의식적으로 노력해야 한다.

- 『해변의 묘지』, 『현대세계의 고찰』에서 -

2장
우리는 모든 선택에서 자유로운가?

① 선택은 그렇게 간단한 일인가?

내가 자유롭다는 것을 어떻게 증명할 수 있을까?

르네 데카르트
(1596~1650)
『철학의 원리』
(1644)

의지의 자유는 증명으로 아는 것이 아닙니다. 우리가 직접 경험함으로써 아는 것입니다.

나는 기계도 아니고 자동장치도 아닙니다. 끊임없이 필연성에 지배당하는 존재는 아니지요.

물론, 중력처럼 우리가 피할 수 없는 자연법칙들에 의해 어느 정도 제약은 받는다.

아이작 뉴턴은 1687년에 만유인력의 법칙을 밝히게 된다.

그러나 어제 내가 무엇을 했는지 묻는다면, 나는 진실을 말할 수도, 말하지 않을 수도 있습니다. 오른쪽으로 갈 수도, 왼쪽으로 갈 수도 있습니다. 전진할 수도, 멈출 수도 있습니다.

나의 자유는, 우선 나 자신에게 가능한 여러 행동 중에서 하나를 선택할 수 있는 능력으로 드러난다.

데카르트에 따르면, 이러한 자유에는 여러 단계가 존재한다.

나는 때때로 어떤 선택 앞에서 극심한 곤혹스러움을 느끼곤 합니다. 어느 특정한 쪽을 선택해야 할 이유가 전혀 없을 때가 더욱 그러하지요.

14세기의 프랑스 철학자 장 뷔리당은 하나의 철학적 사고 실험을 제시했다. 그는 배고픔과 목마름이 똑같이 절실한 당나귀를 상상해 보라고 한다. 당나귀 앞에는 같은 거리에 귀리 한 되와 물 한 동이가 놓여 있다.

이 당나귀는 끝없는 망설임 끝에, 결국 굶어 죽게 된다.

결정을 내릴 수 있으려면, 당나귀도 인간처럼 어느 쪽 동기도 우세하지 않은 상황 속에서도 스스로 결정할 수 있는 힘이 있어야 할 것입니다.

장 뷔리당 (1292~1363)

데카르트는 이러한 상태를 무차별적 자유라 부르며,
이를 《자유의 가장 낮은 단계》로 보았다.

이 자유는 주로 하찮고 사소한 선택을 할 때 드러난다.

예를 들어,
두 개의 스웨터 중 하나를 고를 때나,

혹은 두 가지 샌드위치 중에서
고민할 때처럼 말이다.

하지만 자신의 미래를 좌우할 수 있는
중대한 선택 앞에서는 그저 순간적인 충동이나
우연한 기분에 따라 결정할 수는 없다.

오히려 다양한 동기들을 신중히 비교하여
그중 최선의 것을 분별해 낼 수 있을 때,
우리는 정말로 더 자유로운 존재가 된다.

한번 생각해 보자,
나는 내 미래를 어떻게 구상하고 있지?

→ 그러므로 진정한 자유란 이유나 동기의 부재 속에서
아무렇게나 결정하는 데 있는 것이 아니라,
서로 다른 동기들 – 때로는 상충되는 동기들 – 사이에서
판단하고 결정할 수 있는 인간 의지의 능력에 있다.

> 이른바 **자유의지**라고 불리는 이 의지의 능력은 《인간존재의 가장 본질적인 완성》이라 할 수 있다. 왜냐하면, 그것은 인간을 자신의 행위의 주체, 곧 자기 자신의 주인이 되게 하기 때문이다.

> 자유로운 결정이란, 우연이나 충동에 내맡긴 선택도 아니고, 욕망에 이끌린 선택도 아니다. 그것은 진리와 선(善)에 대한 이해를 바탕으로 깊이 숙고된 결정이다.

장 뷔리당
Jean Buridan
약 1292년 ~ 약 1363년

프랑스의 중세 철학자이자 논리학자, 자연철학자로, 스콜라 철학의 전통에 중요한 전환점을 마련한 인물이다. 아리스토텔레스 철학의 해석과 과학적 방법론의 발전에 기여했고, 자유의지, 운동 이론, 논리학 등에 깊은 관심을 가졌다. 신학과 철학을 구분함으로써 근대 철학의 길을 준비한 인물로도 평가된다.

생애 1292년경, 프랑스 아라스(Arras) 근처에서 출생하여, 파리 대학교에서 공부하고, 소르본 대학에서 오랫동안 가르쳤다. 1358년 이후에 사망한 것으로 추정된다.

주요 저서 『아리스토텔레스 주석서』, 『논리학 소논문』 등 다양한 논문들.

철학적 및 과학적 기여
- **운동 이론(임펄스 이론):** 물체는 외부의 힘 없이도 계속 운동을 유지할 수 있다는 이론으로, 나중에 갈릴레오와 뉴턴의 관성 개념에 영향을 주었다.
- **자유의지에 대한 탐구:** 자유의지를 옹호한 중세 철학자로, 인간은 자신의 의지에 따라 행동할 수 있는 능력을 가진다고 주장했다.
- **논리학 및 윤리학:** 도덕적 결정에 있어 이성과 자유의지의 역할을 강조했고, 윤리학에서는 인간의 이성과 선택 능력을 존중하는 합리주의적 윤리관을 드러냈다.

배고프고 목마른 당나귀가 건초 더미와 물통 사이에 정확히 같은 거리에 놓여 있다. 두 선택지가 모두 똑같이 매력적이기 때문에 당나귀는 어느 하나를 선택할 합당한 이유를 찾지 못하고, 결국 아무것도 선택하지 못한 채 굶어 죽고 만다.

이 유명한 사고실험은 일반적으로 '뷔리당의 당나귀'라고 알려져 있으며, 결정론과 자유의지, 합리적 선택의 한계를 탐구하는 철학적 예화다. 그러나 그 이름에도 불구하고, 이 사고실험은 장 뷔리당이 직접 제시한 것이 아니다. 실제로 이 개념은 **아리스토텔레스의 논의**에 등장했던 유사한 예에서 유래했으며, 뷔리당 이후 **라이프니츠, 쇼펜하우어, 데카르트** 등 다양한 철학자들이 자유의지, 동기, 무차별성에 대해 논의하는 과정에서 뷔리당의 이름과 연결되었다.

이 사고실험은 다음과 같은 딜레마를 제기한다 :
- 합리적인 행위자는 항상 더 나은 이유를 따라 행동한다.
- 그러나 두 선택지가 완전히 동등할 경우, 선택할 이유가 없으므로 행동 자체가 불가능해진다.
- 그 결과, '합리성만으로 행동을 설명할 수 있는가?' 라는 의문이 제기된다.

결국 이 사고실험은, 모든 선택의 이유가 동일하거나 균형을 이룰 때, '무엇이 인간으로 하여금 결단하게 하는가?'라는 근본적인 질문을 던진다. 인간은 단순한 기계적 판단이나 이유의 비교를 넘어, **자율적인 의지** 또는 **자유의지**를 통해 선택할 수 있는 존재로 간주된다. 이 점에서 뷔리당의 당나귀는 인간의 자유의지 논의에서 매우 중요한 철학적 도구로 활용된다.

생각 FLEX :
지금 바로 플레이되는 철학

사르트르의 실존주의는 진정성, 자유, 참여, 그리고 사회적 책임이라는 개념을 통해
철학적·문화적으로 깊은 함의를 지닙니다.

사르트르에게 진정성이란, 사회적 역할이나 이념, 타인의 기대 뒤에 숨지 않고,
자신의 자유와 그에 따른 책임을 스스로 인식하고 수용하는 자세를 말합니다.

그는 자신이 맡은 직업이나 사회적 위치를 핑계 삼아 책임을 회피하는 태도를
'불성실한 의식', 즉 자기기만으로 보았습니다.

이는 우리가 어떤 일을 할 때 타인, 운명, 사회 구조에 책임을 전가하지 않고,
스스로 선택하고 그 결과를 감당하는 태도를 의미합니다.

사르트르는 오늘 나에게도 이렇게 묻고 있을지 모릅니다.

"나는 이것을 정말 자유롭게 선택하고 있는가?
아니면 책임과 갈등을 피하기 위해 그저 순응하고 있는가?"

생각의 문을 여는,

지금 바로 플레이되는 철학!

생각 FLEX :
지금 바로 플레이되는 철학

장 폴 사르트르
Jean-Paul Sartre
1905년~1980년

"인간은 먼저 존재하고,
이후에 스스로 자신의 본질을 만들어간다."

장 폴 사르트르는 20세기 실존주의 철학의 대표적인 사상가이자 극작가, 소설가, 그리고 사회운동가로 널리 알려져 있다. 그는 "실존은 본질에 앞선다"라는 명제를 통해 인간의 자유, 책임, 주체성을 중심으로 깊이 있는 통찰을 제시했다. 대표작 『존재와 무』에서는 의식, 자유, 타자(타인)와의 관계를 분석하며 "타인은 지옥이다"라는 유명한 표현을 남기기도 했다.

생애 사르트르는 프랑스 파리에서 태어나 엘리트 교육기관인 에콜 노르말 쉬페리외르(École normale supérieure)에서 철학을 공부했다. 이후 정치 활동에도 적극 참여했다. 그는 제2차 세계대전 중 독일군의 포로가 되었다가 풀려난 후, 프랑스 레지스탕스 운동에 가담했다. 전후에는 마르크스주의와 실존주의를 통합하려는 철학적 시도를 했다. 1964년, 노벨문학상 수상을 거부하며, "작가는 제도화되어서는 안 된다"라는 입장을 밝혀 큰 화제를 낳았다.

주요 저서 『존재와 무』, 『구토』, 『자아의 극복』, 『실존주의는 휴머니즘이다』 등.

철학적 기여

실존은 본질에 앞선다.
사르트르는 인간은 미리 정해진 본질이나 목적 없이 먼저 '존재'하며, 그 이후 자신의 선택과 행동을 통해 자신의 본질을 형성해 나간다고 보았다.
그는 이렇게 말한다: "인간은 먼저 존재하고, 자기 자신을 의식하며, 세상 속으로 투사되며, 그 뒤에 스스로를 정의한다." 이러한 관점은 본질(사용 목적)이 먼저 정해지는 사물(예: 책, 의자)과는 뚜렷하게 대비된다.

"인간은 자유롭게 존재하도록 저주받았다."
사르트르의 이 유명한 표현은, 인간이 자신의 모든 선택에 대해 전적인 책임을 져야 한다는 그의 철학적 입장을 강하게 드러낸다. 자유는 해방이자 동시에 무거운 책임의 짐이며, 인간은 늘 그 책임을 회피하고 싶은 유혹과 마주한다.

악의적 자각
'악의적 자각'은 자기기만을 의미한다. 인간은 본질적으로 자유롭고 선택 가능한 존재임에도 불구하고, 스스로 자유롭지 않은 것처럼 행동하며 자신을 속이는 태도를 말한다. 사르트르는 사람들이 사회적 역할이나 직업, 규범 뒤에 숨어, 마치 선택의 여지가 없는 것처럼 살아가는 모습을 '악의적 자각'이라고 지적했다. 이는 절대적 자유가 불러오는 불안과 책임을 회피하려는 시도이기도 하다.

정치적 참여와 앙가주망(Engagement)
'앙가주망'은 철학적 사고를 사회적 실천으로 연결시키는 개념으로 지식인의 사회적 책임을 강조한다. 사르트르는 개인은 자신이 속한 사회에 무관심해서는 안 되며, 스스로 입장을 취하고 선택하며, 자신의 신념에 따라 행동함으로써 사회적, 정치적 의미를 창출해야 한다고 강조했다. 실제로 그는 식민주의 반대, 베트남 전쟁 반대 등 다양한 사회 운동에 적극 참여했다.

밀그램의 실험: 권위에 대한 복종

사르트르와 함께 살펴보았듯이, 자유는 우리로 하여금 개별적인 선택을 통해 스스로를 규정하고
존재를 형성하게 한다는 점에서 하나의 기회로 여겨질 수 있다.
하지만 자유가 항상 그렇게 단순하게 주어지는 것일까?
우리 스스로 내린 결정에 오히려 갇힌 듯한 느낌을 받을 때도 있지 않은가?
어쩌면 때로는 책임을 감수하기보다는, 복종의 안락함을 선택하고 싶어지는 것이 인간일지도 모른다.

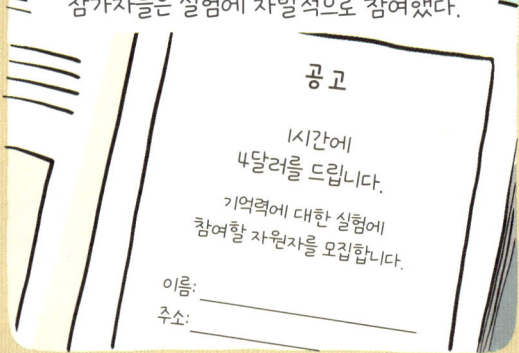

이번 실험은 다음과 같은 방식으로 진행됩니다. 여기 제시된 30개의 단어는 각각 하나의 형용사와 짝지어져 있습니다.

1번 실험
1. 눈 – 하얀
2. 동물 – 야생의
3. 폭풍우 – 거센
4. 케이크 – 달콤한
5. 공 – 동그란
6. 모자 – 뾰족한

롤랜드 씨가 이 목록의 단어들을 천천히 읽어 줄 것입니다. 그다음 형용사를 제시하면, 가르시아 씨는 그 형용사와 짝을 이루는 명사를 떠올려 대답해야 합니다.

롤랜드 씨! 만약 가르시아 씨가 틀린 답을 말하면 이 버튼 중 하나를 눌러서 벌을 주셔야 합니다. 가르시아 씨는 그 즉시 전기 충격을 받게 됩니다.

충격은 점차 강해집니다. 첫 번째 실수에는 15볼트의 전기 충격, 두 번째는 30볼트, 이런 식으로 계속 강해집니다.

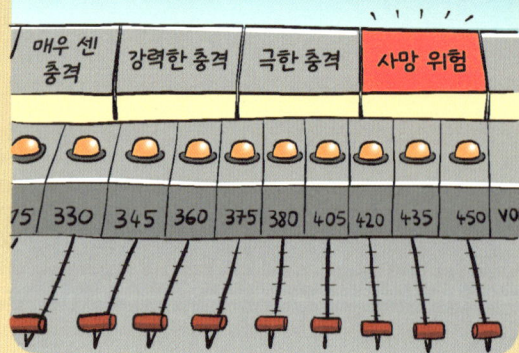

이제 목록에 있는 단어 읽기를 시작하셔도 됩니다.

눈 – 하얀, 동물 – 야생, 폭풍우 – 거센….

> 이 실험은 민주적이고 자유로운 국가에서도, 전체 인구의 약 3분의 2가 도덕적 기준을 거스르는 명령을 따를 수 있음을 보여 준다. 단지 명령이 권위 있는 존재로부터 내려온 것이라는 이유만으로.

2009년, 프랑스의 한 연구팀은 이 실험을 텔레비전 게임쇼 형식으로 재현했다. 프로그램 이름은 <극한의 영역(La zone extrême)>. 여기서 과학적 권위는 하얀 가운의 교수 대신, TV 진행자로 대체되었다. 이 죽음의 게임에서 복종률은 무려 80%에 달했다.

> 이러한 실험들은 우리에게 중대한 철학적 통찰을 보여 준다. 우리의 자유는 소중하지만, 생각보다 훨씬 취약하다는 사실을 말이다. 우리는 때때로 자신도 모르게, 그리고 때로는 자발적으로, 외부의 권위와 압력에 굴복하여 자신의 자유를 내어줄 수 있는 존재이다.

스탠리 밀그램
Stanley Milgram
1933년~1984년

"복종의 본질은 자신을 도구로 보는 데 있다."

스탠리 밀그램은 미국의 사회심리학자로, 권위에 대한 복종 연구로 잘 알려져 있다. 그는 아돌프 아이히만 재판과 홀로코스트 당시 평범한 사람들이 어떻게 극단적인 잔혹 행위에 가담할 수 있었는지에 대한 의문에서 출발하여, 권위자의 명령이 개인의 도덕성과 충돌할 때 인간은 얼마나 복종하는지를 조사하고자 했다.

그 결과, 상당수의 참가자들이 권위자의 지시에 따라 타인에게 고통을 줄 수 있는 전기 충격을 가하는 데 동의했다. 이른바 밀그램 실험은 윤리적 논란에도 불구하고, 사회심리학뿐만 아니라 윤리학, 법학, 교육학 등 다양한 분야에서 중요한 참고 사례로 평가받고 있다.

생애 밀그램은 뉴욕시에서 헝가리 및 루마니아계 유대인 이민자 부모 사이에서 태어났다. 그는 필립 짐바르도와 함께 제임스 먼로 고등학교를 졸업했으며, 짐바르도는 후에 스탠퍼드 감옥 실험을 통해 권력과 복종에 대한 연구를 이어갔다.

밀그램은 하버드 대학교에서 사회심리학 박사 학위를 받았고, 예일 대학교에서 교수로 재직 중이던 1961년에 대표적인 복종 실험을 수행했다. 이후 뉴욕 시립 대학교(CUNY)로 자리를 옮겨 '작은 세상 현상(Small World Phenomenon)', '잃어버린 편지 실험(Lost Letter Experiment)' 등 다양한 실험을 통해 인간 행동의 사회적 맥락을 탐구했다. 그의 연구는 심리학뿐 아니라 사회, 윤리, 법률, 조직문화에까지 폭넓은 영향을 미쳤다.

주요 저서 『권위에 대한 복종』, 『도시와 자아』 등.

밀그램의 복종 실험

1961년, 예일대학교에서 실시된 이 실험은 심리학 역사상 가장 유명하고 논란 많은 연구 중 하나로 평가받는다. 밀그램은 나치 전범 재판에서 반복된 변명 - "나는 단지 명령을 따랐을 뿐이다"- 을 접하고, 평범한 사람들이 어떻게 극악한 행위를 저지를 수 있었는지를 실험적으로 검증하고자 했다.

실험 목적 인간이 권위 앞에서 자유의지를 얼마나 행사할 수 있는가, 또는 어떻게 그것을 포기하고 복종하게 되는가를 관찰하고자 했다.

실험 과정 '처벌이 학습 효과에 미치는 영향'이라는 명목으로 20~50대 남성 40명을 모집하였다. 참가자들은 제비뽑기로 '감독'과 '학생' 역할을 정하는 것처럼 보였으나, 사실은 조작된 것으로, 모든 참가자는 감독 역할을 맡았고 학생은 실험팀의 배우가 맡았다. 감독은 학생이 문제를 틀릴 때마다 점점 강한 전기 충격을 가하도록 지시받았다.

권위자의 개입 실험자는 흰 가운을 입고, "실험의 책임은 내가 진다"라는 말로 참가자의 도덕적 부담을 덜어 주었고, "계속 진행해야 합니다", "다른 선택은 없습니다" 등의 말을 반복하며 압박을 가했다. 전체 참가자의 65%(40명 중 26명)는 학생이 고통을 호소하고 실험 중단을 요구했음에도, 최고 전압인 450볼트까지 충격을 가했다.

실험의 의미와 논란
- 사람들은 자신의 양심에 반하는 명령일지라도, 권위자의 요구나 제도적 권위(예: 실험실, 하얀 가운)에 의해 도덕적 판단이 흐려질 수 있다.
- 하지만 해당 실험은 참가자에게 심각한 심리적 스트레스를 유발했고, 속임수 사용과 중단권 침해 등 윤리적 논란이 컸다.

사르트르와 밀그램, 복종과 자유 사이에서

밀그램의 충격적인 실험에서,
63%의 참가자들이 주저 없이 전기 충격을 가했습니다.
그들이 그렇게 행동한 이유는 단 하나, "실험자(권위자)가 하라고 했기 때문"이었습니다.
이 장면을 보며, 사르트르는 아마도 이렇게 말했을 것입니다.
"인간은 자유롭게 태어났으며, 자신의 모든 행동에 대해 전적으로 책임이 있다."
사르트르에게 인간은 정해진 본질이나 운명에 따라 사는 존재가 아닙니다.
우리는 선택하고, 결단하고, 그 선택의 총합으로 '자기 자신'이 되어 가는 존재입니다.
그 어떤 권위도, 제도도, 성격도 나 대신 나의 삶을 결정해 줄 수 없습니다.

밀그램의 실험은, 우리가 얼마나 쉽게 그 자유를
'권위'라는 이름 앞에 포기해버리는가를 여실히 보여 줍니다.
피험자들은 본인의 행동이 타인에게 고통을 주는 것을 알면서도,
"나는 명령을 따랐을 뿐"이라는 말로 책임을 유예합니다.
이는 사르트르가 말하는 '불성실한 의식',
즉 자기기만입니다.

그렇다면 묻지 않을 수 없습니다.
나는 지금, 정말 나 자신으로 살고 있는가?
아니면 누군가의 기대, 체제의 질서,
또는 '습관'이라는 무형의 권위에 복종하며 살고 있는가?

사르트르는 말합니다.
"우리는 자유를 선택하지 않을 자유도 가지고 있다.
그러나 그 대가는 회피할 수 없는 책임이다."

나의 작은 행동 하나, 침묵 하나조차도
나를 어떤 사람으로 만들어가고 있습니다.
지금, 이 순간에도
'순응'할 수도, '선택'할 수도 있습니다.
그 선택의 무게를 외면하지 않는 것이,
실존하는 인간의 시작점입니다.

생각의 문을 여는,
지금 바로 플레이되는 철학!

3장
법은 우리의 자유를 제한하는가?

1. 운명론은 자유의 적인가?

> 자유란 무엇인가를 분명히 하기 위해,
> 우리를 필연적으로 얽매는 운명론과,
> 오히려 해방적일 수 있는 **결정론**을 구분할 필요가 있다.

운명론에 따르면, 세상 전체는 물론 인간 존재 역시 인간의 의지로는 거스를 수 없는 필연적인 흐름을 따라 전개된다. 그 결과, 모든 사건의 전개는 인간의 자유의지와는 무관하게 이루어진다.

따라서 운명론자는 이렇게 말한다: "당신이 두려워하는 그 사건은 필연적으로 일어난다. 당신이 그것을 피하기 위해 무엇을 하든, 그 일은 결국 일어날 수밖에 없다."

이러한 사고방식은 고대 비극, 특히 테베의 왕 라이오스의 이야기에서 잘 드러난다. 그는 젊은 시절 저지른 죄로 인해, 아폴론 신에게 저주를 받는다.

너는 저주받은 아들을 낳을 것이다! 그 아들은 아버지를 죽이고 어머니와 결혼하게 되리라!

라이오스는 이 예언의 저주를 피하기 위해 아들 오이디푸스를 키타이론 산에 버리기로 결심한다.

그러나 오이디푸스는 한 목동에게 구조된다.

그 목동은 오이디푸스를 코린토스 왕 폴리보스에게 맡긴다.

오이디푸스는 테베에서 멀리 떨어진 곳에서, 자신의 출생의 진실을 전혀 알지 못한 채 성장한다.

수년 후, 오이디푸스는 델포이의 신탁으로부터 자신의 운명이 아버지를 죽이고 어머니와 결혼하는 것이라는 끔찍한 예언을 듣게 된다.

자신을 폴리보스의 친아들이라 믿고 있던 오이디푸스는 저주를 피하기 위해 코린토스를 떠나기로 결심한다.

소포클레스와 오이디푸스 신화의 비극적 운명론(BC 429년경)

"아아! 모든 것이 드러나고, 모든 것이 알려지니, 더 이상 은폐할 수 없다!
오, 빛이여! 마지막으로 당신을 바라볼 수 있기를."

테베의 왕 오이디푸스는 자신도 모르게 아버지(라이오스)를 죽이고 어머니(이오카스테)와 결혼할 것이라는 예언을 실현하게 된다. 그는 그 비극적인 운명을 피하려 했지만, 그 과정 자체가 역설적으로 예언을 실현시키는 결과를 낳는다. 이는 운명을 피하려는 인간의 자유의지와 노력이 오히려 운명의 실현을 촉진한다는 비극적 구조를 드러낸다. 이와 같은 구조는, 인간의 자유의지와 도덕적 책임, 그리고 운명론적 세계관 사이의 갈등을 보여 준다. 소포클레스의 <오이디푸스 왕>은 고대 그리스 비극의 정수로, 예정된 운명이 인간에게 어떤 영향을 미치는지를 탐구하며, 이후 철학과 문학, 특히 도덕 철학과 실존주의 담론에까지 깊은 영향을 미쳤다.

니체의 아모르 파티(Amor Fati – 운명을 사랑하라.)

"인간의 위대함에 대한 내 공식은 아모르 파티이다. … 필연적인 것을 단지 견디는 것에 그치지 않고, 더 나아가 그것을 숨기지도 않으며 – 모든 이상주의는 필연 앞에서의 거짓말이다 – 그것을 사랑하는 것이다." - 프리드리히 니체, 『즐거운 학문』에서 -

니체는 소포클레스의 비극적 세계관을 수용하면서도, 단순히 운명에 굴복하거나 체념하는 것이 아닌, 그 운명을 긍정하고 사랑해야 한다고 강조한다. 그는 우리가 마주하는 고통, 실수, 비극적인 사건들조차 삶의 일부로 받아들이고, 이를 통해 삶 전체를 긍정할 수 있어야 한다고 보았다. 니체가 말한 아모르 파티는, 단순한 체념이나 인내가 아닌, 운명 자체에 대한 사랑과 긍정을 의미한다. 이는 니체의 또 다른 핵심 사상인 영원회귀 - 이 순간의 삶을 무한히 반복해서 살아야 한다면 그 삶을 기꺼이 긍정할 수 있어야 한다 - 라는 주장과도 깊이 연결되어 있다.

결정론: 자연의 법칙에 복종함으로써 오히려 자유를 얻을 수 있을까?

> 운명론과 달리, 결정론은 단지 자연에서 일어나는 사건들이 **항상성, 필연성, 보편성의 법칙들**에 따라 서로 인과적으로 연결되어 있다고 본다.

모든 사건은 인과성의 원리에 따라, 즉 과거의 사건들이 자연법칙에 의해 필연적으로 초래한 결과라는 것이다.

그러나 베이컨이나 데카르트 같은 많은 철학자들에 따르면, 인간이 결정론에서 벗어나기 위해 *기적과 같은 초자연적 개입에 의존할 필요는 없다는 것이다.

인간은 자연의 법칙을 이해하고 이를 능숙하게 활용하기만 해도 충분하다.

자연을 이기는 유일한 방법은 자연에 복종하는 것입니다.

프랜시스 베이컨
(1561~1626)
『노붐 오르가눔』
(1620)

「 핵심 정의 」

*기적: 자연의 일반적인 법칙을 벗어난 비범한 사건으로, 보통은 신의 개입에 의해 발생한 것으로 간주된다.

바다 앞에 선 인간의 예

만약 여러분이 어부의 작은 배가 바람을 거슬러 항해하는 모습을 본 적이 있다면, 그 배가 만들어내는 우회, 책략, 구불구불한 항로를 통해, '의지한다'는 것이 무엇인지 알게 될 것입니다.

알랭
(1868~1951)
『인간의 책략』
(1921)

왜냐하면 이 바다는 우리에게 어떠한 의지도 품고 있지 않기 때문이다.
바다는 우리에게 선도 악도 바라지 않으며, 적도 조력자도 아니다.
모든 인간이 죽고 생명이 꺼진다 해도, 바다는 여전히 출렁일 것이다.

바람 또한 태양의 위치에 따라 불어온다.
그것은 냉혹하면서도 비난할 수 없는 힘이다.
파도는 바람과 달의 작용을 따라 움직인다.
물의 무게와 유동성에 따라, 불변의 법칙대로!

그 순간, 내 앞에 참된 신이 모습을 드러냈고, 나는 그 이름을 '의지'라 불렀다. 그리고 동시에 지성이란 그것 자체로 절대적인 것이 아니라, 더 높은 목적에 복종할 때 비로소 그 진정한 힘을 드러낸다는 사실도 깨달았다.

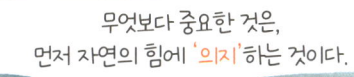

▶ 철학자 알랭은 이렇게 결론짓는다. 만일 물리적 세계가 결정론을 따르지 않고, 끊임없는 기적들만이 벌어지는 무대였다면, 인간의 행위는 언제나 망설임의 연속이고, 비효율적이며, 결코 실질적인 결과에 이르지 못했을 것이다. 그러나 자연의 법칙들을 알고 있다면, 인간은 그 법칙을 바탕으로 효과적인 기술을 개발하여, 자신 앞에 놓인 장애물들조차 도리어 수단으로 전환할 수 있다.

"인간은 생존하기 위해 지능을 발명해낸 나약한 동물이다."

송곳니, 발톱, 빠른 속도 등 다양한 생존 수단을 갖춘 동물들과 달리 인간은 연약한 존재다. 이러한 약점을 보완하기 위해 인간은 지능의 산물인 언어와 도구를 발달시켰다. 그런 관점에서 보면, 지능은 우월성의 상징이라기보다 방어 수단이자 교묘한 생존 전략이다.

철학자 알랭은 자연이 불변의 법칙에 따라 움직이지만, 오히려 이러한 법칙을 이해함으로써 인간은 자연의 힘을 자신의 목적에 맞게 활용할 수 있다고 보았다. 이 '**교활한 책략**'은 속임수가 아니라, 인간이 적응하고 번영하기 위해 발휘하는 지능의 한 방식이다.

알랭은 바람의 방향과 해류를 이해하여 효과적으로 항해하는 어부의 비유를 통해 이를 설명한다. 어부는 바람을 통제하는 것이 아니라 바람을 이해하고 활용함으로써 배를 조종한다. 이와 마찬가지로, 인간은 교육과 경험을 통해 자연에 맞서기보다는 자연의 법칙을 이해하고 그와 조화를 이루는 법을 배울 수 있다.

<바다 앞에 선 인간의 예>에서 알랭은 무관심하고 냉혹한 자연 앞에서 인간이 어떻게 지성과 의지를 활용 하여 스스로의 길을 개척해 나가는지를 생생하게 보여 준다.

생각 FLEX : 지금 바로 플레이되는 철학

알랭(에밀오귀스트 샤르티에)
Alain (Émile-Auguste Chartier)
1868년~1951년

"생각한다는 것은 '아니오'라고 말하는 것이다."

알랭은 프랑스의 철학자이자 작가로, 자유와 민주주의를 옹호한 자유주의 사상의 핵심 인물이다. 그는 개인의 이성과 내면의 도덕적 자율성을 신뢰했으며, 권위주의와 전쟁에 대해 깊은 회의를 품었다.

생애 프랑스 노르망디의 모르타뉴에서 태어나, 파리의 에콜 노르말 쉬페리외르를 졸업했다. 이후 리세 앙리 카르트에서 철학을 가르치며, 수많은 지식인과 제자들에게 깊은 영향을 미쳤다. 제1차 세계대전에 참전한 그는 전쟁의 참상을 몸소 겪었고, 그 경험은 훗날 평화주의와 전쟁 비판 사상의 밑바탕이 되었다. 평생동안 그는 수천 편의 간결하면서도 통찰력 있는 철학 에세이를 집필했다.

주요 저서 『알랭 어록』, 『행복론』, 『예술론』, 『정신과 정열에 관한 81장』 등.

철학적 기여
자유로운 사고와 비판적 성찰을 통해 개인의 행복과 사회 정의를 실현할 수 있다고 봤다.

- **의지의 우선성** 인간은 상황을 선택할 수는 없지만, 그에 대한 태도는 선택할 수 있다. 기분이나 감정보다 의지가 더 중요하다.
- **윤리적 노력** 선함은 타고나는 것이 아니라, 습관과 이성적 성찰을 통해 길러지는 것이다.
- **개인적 책임** 인간은 명확하게 사고하고, 정의롭게 행동할 책임이 있다. 특히 다수가 그 책임을 외면할 때, 그 책임은 더 무겁게 개인에게 주어진다.

③ 법에 복종하는 것이 오히려 자유를 보장하는가?

장 자크 루소
(1712~1778)
『산에서 쓴 편지들』
(1763)

법은 정말 나의 자유를 제한하는 족쇄일까요?

법은 국가가 그 권위를 행사하는 방식입니다. 국가의 권위는 주권적이며, 나는 그로부터 벗어날 수 없습니다. 반드시 법에 복종해야 합니다.

그런데 복종은 겉보기에 신체적 자유의 반대처럼 보입니다. 원하는 때에 원하는 대로 행동할 자유를 누리지 못하기 때문입니다.

그러나 자유란 정말 그런 것일까요? 아무런 제약 없이, 어떤 것에도, 누구에게도 얽매이지 않고, 완전한 독립성과 무제한의 방종 속에 있는 것이 자유일까요?

우리는 흔히 자유와 독립을 동일시하지만, 사실 이 둘은 깊이 들여다보면 서로 반대되거나, 심지어는 서로 모순되기도 합니다.

개인의 독립성이란,
자신의 개인적 욕망과 기호에 따라
자유롭게 행동하는 상태를 말한다.
하지만 이러한 자유는 자칫 독단적이고
자의적인 방식으로 타인의 의지를
억누르고 강요하는 결과를 낳을 수 있다.

모두가 각자의 욕망대로 행동할 때,
그것은 종종 타인의 욕망을 침해하게 되며,
그러한 상태는 결코 자유로운 사회라고 할 수 없다.

진정한 자유란 자신이 타인의 의지에 지배받지 않는 것이며…,

…동시에 타인을 자신의 의지에 종속시키지 않는 것이다.

그렇다면 서로 다른 욕망과 의지들이 충돌하지 않으면서도,
누구도 타인에게 명령하지 않도록 하려면 어떻게 해야 할까?

정의로운 법이란, 모든 사람에게 동등한 권리를 보장하는 법, 곧 우리 행동의 일정한 한계를 설정하면서도 그 안에서 자유롭게 살아갈 수 있도록 하는 합리적인 틀이어야 합니다.

그러므로 자유로운 국민은 법에 복종하지만, 권력에 종속되지는 않습니다. 그들이 법을 따르는 이유는 단지 권력자의 변덕이나 의지에 굴복해서가 아니라, 모든 사람에게 똑같이 적용되는 법을 스스로 존중하기 때문입니다.

진정한 법은 누구에게나 예외 없이 적용되어야 합니다. 권력자 역시 법의 대상이며, 법 위에 군림하는 자는 자유 국가에서 존재할 수 없습니다. 법은 모든 사람의 권리를 지키는 울타리이자, 자유를 보장하는 전제 조건입니다.

짐이 원하노니…,

자유로운 국가는 곧 법치국가입니다. 법치란, 국가가 법에 의해 다스려지는 것이며, 사람이 사람을 지배하는 것이 아님을 뜻합니다. '장관'이라는 단어가, 라틴어 'minister(섬기는 자)'에서 유래했듯이, 통치자는 법의 종이 되어야지, 법을 자기 입맛대로 휘두르는 주인이 되어서는 안 됩니다.

그렇다면, 법은 반드시 잘 만들어져야겠네요?

그렇지요. 법은 평등하고 정의로워야 하며, 무엇보다 '일반의지'의 표현이어야 해요.

➡ 즉, 자신이 복종하게 될 법의 제정 과정에, 직접이든 간접이든 모두가 참여할 수 있어야 한다.

'복종하는 자(신민)'와 '시민'을 명확히 구분하는 것은 매우 중요하다.

신민이란, 권위주의적이고 독재적인 체제 아래에서 자신을 위해 만들어지지 않은 법에 단순히 복종하는 사람이다. 그는 타인의 의지에 의해 결정된 법에 따를 뿐, 그 법에 대한 발언권도 참여권도 없다.

반면에, 시민은 정치 공동체에 적극적으로 참여하며, 법의 제정에도 직접적으로 기여하는 사람이다.

그러므로 진정한 자유란 독립성이나 자연적 자유가 아닙니다. 자연적 자유란, 개인이 도달할 수 있는 모든 것에 대해 무제한적으로 누릴 수 있는 권리이며, 그 한계는 오직 개인의 힘에 의해서만 결정됩니다.

그러나 시민적 자유란, 모든 시민이 공유하는 자유, 곧 누구의 사적 의지도 아닌 오직 일반의지만을 권위로 인정하는 자유이지요.

왜냐하면 일반의지의 표현인 법에 복종할 때, 시민은 결국 자기 자신에게 복종하는 것이기 때문입니다.

즉 스스로에게 부여한 법에 복종하는 것, 바로 그것이 자유입니다.

생각 FLEX :
지금 바로 플레이되는 철학

"자유의 진정한 적은 자유를 왜곡하는 자들이다."

루소는 자유를 가장 위협하는 존재가 자유를 옹호하는 척하면서 실제로는 자유를 파괴하는 자들, 즉 권력을 유지하기 위해 국민에게 봉사하는 척하는 정치 엘리트들이라고 지목했다.

루소의 『산에서 쓴 편지들』은 생전에 발표된 마지막 저작으로, 총 아홉 통의 공개 서신으로 구성되어 있다. 1762년, 『에밀』과 『사회계약론』이 파리와 제네바 양쪽에서 모두 금서로 지정되고 공개적으로 소각되자, 그는 체포를 피해 스위스 뇌샤텔 지방의 산간 마을로 은신하였다. 이 책은 그곳에서 제네바 당국의 공격에 대응하고, 자신의 정치적, 종교적 입장을 정리하기 위해 집필되었다.

이 편지들에서 루소는 정치적 자유, 시민의 권리, 종교와 국가의 관계, 그리고 진정한 주권의 의미에 대해 깊이 있는 통찰을 제시한다.

핵심 주제

1. 주권은 국민에게 있다.

"진정한 주권자는 오직 국민뿐이며, 자유란 스스로 만든 법에 복종하는 데 있다."
 자유란 방종이 아니라, '자기 입법'의 결과다. 자유란 외부의 강제 없이 스스로 참여하여 만든 법에 복종하는 것이다. 이는 『사회계약론』에서의 일반의지 개념과 연결된다.

2. 자유의 적은 자유를 가장하는 자들이다.

"자유의 진정한 적은 그것을 왜곡하는 자들이다."
 루소가 경계한 진짜 적은, 겉으로는 자유를 수호하는 척하면서, 실제로는 권력을 공고히 하기 위해 '자유'라는 명분을 이용하는 위선적 권력자들이다. 이는 '자유'를 내세워 독재와 불평등을 정당화하는 정치 권력에 대한 강한 비판이다.

3. 종교와 시민의 자유는 분리되어야 한다.

"인간의 종교는 시민의 종교와 같지 않다."
 루소는 개인의 내면적 신앙과 공동체의 도덕 질서를 위한 시민 종교를 구분했다. 국가는 특정 종교를 강요하거나 억압해서는 안 되며, 종교적 관용은 존중되어야 한다.

4. 시민의 정치 참여는 필수적이다.

 루소는 제네바 시민들에게 소극적 복종이 아닌 능동적 참여를 요구했다. 그는 제네바가 민주적인 도시국가라는 명분만 가졌을 뿐, 실상은 '소평의회'라는 소수 엘리트 집단에 의해 좌우되고 있다고 비판했다. 이는 루소가 주장한 직접 민주주의, 즉 국민이 법과 제도의 형성에 참여해야 한다는 원칙을 분명히 보여 준다.

④ 도덕법이 나의 자유의 토대인가?

임마누엘 칸트
(1724~1804)
『실천이성비판』
(1788)

"독립성과 자율성은 같은 것인가요?"

"아니, 꼭 그렇지는 않아요."

"*자율성이란 스스로에게 법을 부여할 수 있는 능력을 의미해요."

핵심 정의

* 자율성(autonomy)은 '자기 자신'을 뜻하는 그리스어 '아우토(auto)'와 '규칙' 또는 '법'을 뜻하는 '노모스(nomos)'에서 왔다.

"아하! 그렇다면 자율성은 마음 내키는 대로, 하고 싶은 대로 행동하는 걸 말하나요? 내 취향에 따라 사는 거라면 좋은 거 아닌가요?"

"그건 오히려 독립성에 더 가까워요. 자율성은 그와 다릅니다."

"자율성이 무엇이며, 그것이 인간의 자유를 어떻게 드러내는지를 이해하기 위해, 한 남자가 서로 다른 상황에 처했을 때, 어떤 판단을 내리는지 묻는 철학적 사고 실험 하나를 제안할게요."

첫 번째 상황은 인간을 경험적인 존재, 즉 자연적 *성향(감각적 욕망)에 의해 결정되는 존재로 설정한다. 이는 곧 그가 자신의 본성에 이끌리듯 어떤 방향으로든 행동하게 된다는 의미다.

한 남자가 쾌락에 대한 자신의 성향을 이렇게 말한다고 상상해 보자. 사랑하는 대상이 눈앞에 있고, 그와 함께할 기회까지 주어진다면, 그 쾌락을 거부하는 것은 전적으로 불가능하다고 말한다.

「핵심 정의」

* 경험적(empirical): 감각을 통해 주어지는 경험의 영역에 속한 것.
* 성향(inclinations): 감각적 욕망에서 비롯된 충동.

이제 다음과 같은 상황을 상상해 보자. 그 남자가 욕망을 충족시키기 위해 들어가려는 그 집 앞에 교수형에 처하기 위한 단두대가 세워져 있다고 하자. 그리고 그는 그 욕망을 따르는 순간 곧바로 처형당할 것임을 분명히 알고 있다.

> 그렇다면 그는 자신의 욕망을 제어할 수 있을까요?
>
> 당연히 그러겠지요!

> 어떤 측면에서 보면, 그가 느끼는 쾌락에 대한 욕망보다 삶에 대한 열망이나 죽음에 대한 두려움이 더 강하다. 이처럼 하나의 욕망이 다른 욕망을 억누르는 현상은 일종의 자연적 힘의 충돌, 즉 기계적인 작용에 가까운 것이다.

그렇다면, 그는 단지 감각적 성향에 의해 결정되는 존재, 즉 경험적 법칙에 종속된 존재에 불과한가?

이제 두 번째 상황을 상상해 보자. 어느 날 군주가 그에게 명령을 내린다. 어느 정직한 사람에 대해 거짓 증언을 하라고 강요하면서, 그 명령을 따르지 않으면 "당장 사형에 처하겠다"라고 협박한다.

> 이 상황에서 그는, 비록 자기 삶에 대한 애착이 아무리 크더라도, 그 애착을 이겨낼 가능성은 있습니다. 자신이 실제로 그렇게 할지 확신할 수는 없더라도, 자신에게는 그 거짓 증언을 거부할 수 있는 가능성이 있다는 사실만큼은 망설임 없이 인정할 것입니다.

> 다시 말해, 그는 "나는 선택의 여지가 없었다"라고 말할 수는 없다. 그는 짐승처럼 단지 자연적 성향, 즉 자기보존 본능이나 삶에 대한 애착에 따라 필연적으로 움직이는 존재가 아님을 <u>스스로</u> 알고 있다.

두 번째 상황은 인간이 단순히 자연적 성향에 따라 결정되는 경험적 존재에 그치지 않고, 도덕적 존재이기도 하다는 사실을 드러낸다.

이러한 **도덕적 경험**은 인간의 내면 깊은 곳의 의식을 각성시킨다. 이성이라는 내면의 법정 앞에서, 무고한 사람에게 불리한 거짓 증언을 하라는 요구는 단순한 선택의 문제가 아니라 도덕적 문제, 즉 양심에 반하는 행위가 된다.

이는 법전에 기록된 법이나 규율은 아니지만, 인간이 이성적 존재로서 스스로 내면에 간직한 법, 즉 **도덕법칙에 위배**되지요. 이 도덕법칙은 다음과 같은 정언 명령의 형태로 표현됩니다.

너는 거짓 증언을 해서는 안 된다!

내가 이 도덕법칙의 이름으로 어떤 행위를 선택할 때, 더 이상 자연적 인과성 즉, 외적 요인을 나의 의지의 결정 요인으로 내세울 수 없습니다.

나의 의지는 이성이 스스로에게 부여한 법칙에 따라 **자율적으로** 결정되는 것입니다.

그러므로 이러한 도덕적 경험, 다시 말해 의무의 체험은 인간이 자유로운 존재임을 드러내 주는 강력한 증거가 된다.

『실천이성비판』은 『순수이성비판』에 이은 칸트의 두 번째 비판서로, 도덕법칙과 자유, 그리고 인간 이성의 실천적 역할에 대한 철학적 탐구가 담긴 칸트 도덕철학의 핵심 저작이다. 이 책에서 칸트는 욕망과 도덕법칙을 엄격하게 구분한다. 도덕적 행위는 결코 욕망이나 감정에 의해서가 아니라, 오직 이성에 따라 자율적으로 선택된 의지에 의해 이루어져야 한다고 강조한다.

1. 도덕법칙은 욕망에서 파생되지 않고, 자유로운 이성에 의해 결정된다.

"도덕법칙은…, 경험적인 동기, 즉 어떤 욕망에 의하여 정해지는 것이 아니라, 자유의지와 인과 법칙의 관계에 의해서만 정해진다."
　도덕적 행위는 개인의 욕망, 감정, 혹은 결과에 대한 기대와 같은 경험적 동기에서 비롯되어서는 안 된다. 어떤 행위가 도덕적인 이유는 그 결과 때문이 아니라, 그 행위가 도덕법칙이라는 보편적이고 필연적인 법에 근거할 때이다.

2. 의무란 도덕법칙에 대한 존경심에서 비롯된다.

"의무란 법칙을 존중하는 것에서 오는 필연적 행위이다."
　진정한 도덕적 가치는 욕망이나 이기심이 아니라, 도덕법칙에 대한 '존중'에서 비롯될 때 나타난다. 예를 들어, 친절한 행동으로 타인을 돕더라도 그 동기가 칭찬이나 보상을 위한 것이라면, 이는 도덕적 가치를 지니지 않는다. 오직 의무감에서 우러난 행동만이 진정한 도덕성을 가진다.

3. 욕망이나 감정에 기반한 도덕은 보편적이지 않다.

"인간 본성의 특수한 구성 요소에서 도출된 모든 원칙은 보편적인 타당성을 가질 수 없어서 도덕법의 역할을 할 수 없다."

감정이나 욕망은 개인적이고 주관적이기 때문에, 이것을 기반으로 도덕 원칙을 세우면 보편성과 필연성을 갖춘 도덕법칙이 될 수 없다.

이러한 칸트의 입장은 공리주의나 감정주의에 대한 비판으로 이어진다. 공리주의에서는 '최대 다수의 최대 행복'을 도덕의 기준으로 삼는다. 어떤 행위가 쾌락을 극대화하고 고통을 최소화하는 결과를 낳는다면, 그것은 도덕적으로 옳다고 간주된다. 제레미 벤담과 존 스튜어트 밀은 공리주의를 대표하는 사상가들이다.
반면 감정주의는 도덕 판단의 근거를 감정, 특히 공감에 둔다. 데이비드 흄과 애덤 스미스는 인간이 공감을 통해 타인의 고통을 이해하고 도덕적으로 행동할 수 있다고 보았다.

4. 감정은 이성의 지배를 받아야 한다.

"감정은…, 실천이성에 의한 제약을 필요로 한다."

욕망이나 감정이 본질적으로 악한 것은 아니지만, 그것들이 도덕적 판단이나 행위의 근거가 되어서는 안 된다. 칸트는 감정을 제거하라고 말한 것이 아니라, 감정은 반드시 이성의 통제 아래 있어야 한다고 강조한다. 도덕적 행위의 주체는 감정이 아니라, 실천이성(도덕법칙을 따르는 이성적 의지)이어야 하기 때문이다.

4장
지혜로운 자만이 진정으로 자유로운가?

자유롭다는 것은 모든 욕망을 충족시키는 것일까?

그러나 쾌락은 '감각'에서 비롯되는 것이다.
그것은 사람마다 다를 뿐만 아니라…

…사람의 기분이나 상황에 따라서도 달라진다.

이처럼 변덕스럽고 충동적인 감각적 욕망에 따라 사는 것,
그것은 결국 자기 욕망의 노예가 되는 일은 아닐까?

> 욕망을 충족시킨다는 것은, 겉보기에는
> 자유롭고 행복하며 전능하다는 느낌을 줄 수 있다.
> 그러나 그런 느낌은 환상에 불과한 게 아닐까?
> 그 이면에는 오히려 '감각과 충동'이라는
> 비이성적이고 통제 불가능한 힘에
> 복종하는 모습이 숨어 있지는 않을까?

바뤼흐 스피노자
(1632~1677)
『신학정치론』
(1670)

보통 사람들은 노예란 타인의 명령에 의해 행동하는 자이고, 자유로운 사람은 자신의 선택에 따라 행동하는 자라고 생각합니다. 하지만 그것이 반드시 사실은 아닙니다. 실제로, 자기 쾌락에 사로잡힌 사람은 가장 나쁜 형태의 노예일 수 있습니다.

자유롭게 행동한다는 것은 오히려 자기 자신을 지배하는 것, 즉 자신의 욕망을 통제하는 능력을 의미합니다.

그것은 또한 충분히 숙고한 뒤에 행동하는 것을 뜻합니다. 즉 내일 후회할 만한 충동적이거나 경솔한 행동을 피하는 것이지요.

술주정뱅이가 술집으로 달려가는 것과,

도박꾼이 카지노로 달려가는 것은 결코 자유로운 행동이 아닙니다.

내일이면 술꾼은 병에 시달릴 것이고, 도박꾼은 빚더미에 앉아 있을 것이다.
그것이 그들이 정말로 원했던 결과는 아닐 것이다.

② 자유롭다는 것은 일어나는 일을 기꺼이 받아들이는 것인가?

욕망의 충동에 자신을 내맡기는 것이 자유가 아니라면, 진정한 자유란 무엇인가?

자유는 자연의 섭리적 질서를 받아들이는 데 있습니다.

에픽테토스
(50~135)
『담화록』

에픽테토스에 따르면, 인간은 자신의 욕망을 통제하고, 세상을 이끄는 신적 이성(Logos)의 뜻을 따를 수 있을 때 신과 동등한 존재가 될 수 있다.

우리는 전쟁, 자연재해, 늙음, 질병, 죽음과 같은 세상의 사건들─곧 바꿀 수 없는 것들─과 마주하게 된다. 이러한 불가항력의 사태를 피하거나 통제할 수는 없지만, 그것들에 어떻게 반응할지는 선택할 수 있다.

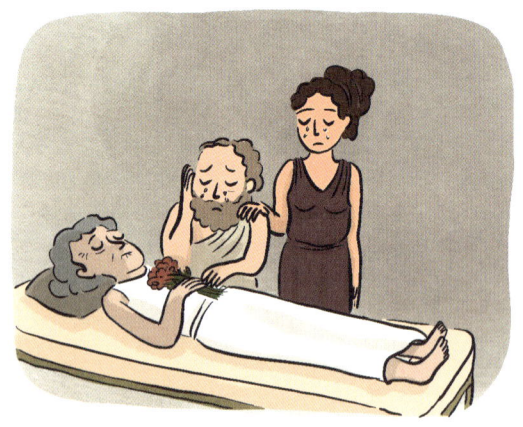

우리에게 일어나는 일을 고통스럽게 받아들이지 않을 가장 좋은 방법은 그것에 온전히 의지하는 것이다. 즉 필연적인 자연의 흐름에 기꺼이 동의하고, 만물에 질서를 부여하는 이성의 법칙에 따라 '일어나는 일을 기꺼이 수용하는 것', 이것이 바로 에픽테토스가 말한 '자유에 이르는 길'이다.

에픽테토스
Epictetus
50년~135년경

"우리에게 속한 것은 오직 우리의 의지뿐이다."

에픽테토스는 고대 그리스의 스토아 철학자들 가운데 가장 영향력 있는 사상가 중 한 명이다. 그는 외적인 사건이나 환경은 통제할 수 없지만, 그것에 대한 우리의 반응과 태도는 오직 자신의 책임이라는 점을 강조했다. 그의 철학은 내면의 자유와 자기 통제를 통해 진정한 행복과 평화에 이를 수 있다는 신념을 바탕으로 한다.

생애 로마 제국의 속주였던 히에라폴리스에서 노예로 태어나 로마로 끌려왔다. 그의 주인은 부유한 해방 노예로 네로 황제의 시종이었다. 노예 신분이었음에도 그는 철학을 공부할 기회를 얻었으며, 스토아 철학의 주요 인물인 무소니우스 루푸스의 제자가 되었다. 네로 황제의 사후에 해방된 그는 스토아 철학을 가르치기 시작했다. 그러나 93년에 도미티아누스 황제가 철학자들을 추방하자, 그는 그리스의 니코폴리스로 이주하여, 엄격한 스토아 철학 학교를 설립하고 교육에 힘썼다.

주요 저서 『담화록』, 『편람』 등. 직접 저술하지는 않았으나 제자 플라비우스 아리아누스에 의해 기록되었다.

철학적 기여 에픽테토스는 스토아 철학 전통에서 가장 명료하고 실천적인 철학을 제시한 인물 중 하나로 꼽힌다. 그의 가르침은 제자 아리아누스를 통해 전해졌고, 오늘날에도 자유, 회복탄력성, 내면의 평화에 관한 논의에 영향을 미치고 있다.
스토아 학파의 또 다른 대표자이자 로마의 황제였던 마르쿠스 아우렐리우스도 에픽테토스의 영향을 받아 자신의 저서 『명상록』에서 자주 인용했다.

노예 출신에서 스토아 철학자가 된 에픽테토스는 『담화록』에서 자유에 대해 급진적이면서도 깊은 영향을 미치는 설명을 한다. 에픽테토스에게 진정한 자유는 내면, 즉 외부 조건이나 사회적 지위에 좌우되는 것이 아니라, 자신의 의지를 스스로 통제 할 수 있는 능력에 달려 있다.

에픽테토스가 말하는 자유

1. 자유의 본질: 통제의 이분법

"자유란 원하는 대로 살 수 있는 힘이다. 그러나 그것은 단순히 원하는 것을 이루는 능력이 아니라, 우리가 원해야 할 것을 올바로 아는 것이다."

에픽테토스는 자유를 '통제할 수 있는 것'과 '통제할 수 없는 것'을 구별하는 능력으로 평가한다. 우리는 생각, 선택, 욕망 등 자신이 통제할 수 있는 것에 집중해야 하며, 신체, 명예, 부, 타인의 행동처럼 통제할 수 없는 것에는 집착하지 말아야 한다.

많은 사람들이 자신이 바꿀 수 없는 것을 원하고, 그것을 얻지 못할 때 고통을 겪는다. 그러나 진정한 자유란 욕망의 충족이나 외적 성공이 아니라, 욕망을 스스로 선택하고 다스릴 수 있는 내적 통제력에 달려 있는 것이다.

2. 내적 자율성으로서의 자유

"자기 자신을 지배할 수 없는 사람은 결코 자유롭지 않다."

자유로우려면 자신의 의지를 다스릴 수 있어야 한다. 외적인 것들, 즉 쾌락, 부, 심지어 건강조차도 행복의 기반은 아니다. 사회적으로는 자유인일지라도, 내면이 욕망이나 감정의 지배를 받는다면 그는 결코 자유로운 존재가 아니다.

3. 누가 진정한 노예인가?

"자신이 주인이 아닌 사람은 자유롭지 않다."

타인의 평판, 욕망, 두려움 등 외적 요소에 의존하는 상태라면 그는 실질적으로 노예이다. 하지만 자신의 욕망과 판단을 스스로 통제할 수 있다면, 비록 노예나 포로 상태에 있더라도 그는 진정한 자유인이다.

4. 자유의 기준은 외부 조건이 아니라 개인의 도덕적 의지이다.

"당신은 내 다리를 묶을 수 있지만, 제우스조차도 내 의지를 묶을 수는 없다."

에픽테토스는 외적인 강압과 내적인 자유를 강력하게 대조함으로써 프로하이레시스(Prohairesis), 즉 도덕적 선택과 의지의 중요성을 강조했다. 외부 세계(운명, 권력, 병, 죽음)는 우리의 몸을 지배할 수 있지만, 도덕적 의지와 선택, 즉 프로하이레시스는 어떤 외적 힘으로도 침해할 수 없다. 이것이 바로 스토아 철학의 핵심이다.

5. 매일 철학을 실천하라.

"철학을 설명하지 말고 체화하라."

에픽테토스에게 철학은 이론이 아니라 삶의 실천이다. 그는 매일 자기 성찰로 정신과 인격을 훈련할 것을 강조했으며, 그러한 지속적인 수련을 통해 진정한 자유에 도달할 수 있다고 믿었다.

자유롭다는 것은 필연성을 이해하는 것일까?

스피노자와의 대화, 『쉴러에게 보낸 편지』 (1674)

스피노자는 우리가 흔히 믿는 '자유란 임의로 선택할 수 있는 능력'이라는 환상에 대해 근본적인 의문을 제기한다. 그는 묻는다. 자연 속에서 인간은 어떤 위치에 있는가? 우리는 모두 자연의 필연성 안에 존재하고 있지 않은가? 이제 각자에게 주어진 그 필연이 무엇인지 바르게 이해하는 것이 과제로 남는다.

1674년 10월, 게오르크 헤르만 쉴러에게 보낸 편지에 제시된 스피노자의 자유에 대한 개념은 그의 철학 사상의 핵심을 이룬다. 스피노자가 이해한 자유는 전통적인 '자유의지' 개념과 다르며 필연성, 이성, 자기 이해를 바탕으로 한다.

스피노자에게 자유는 곧 자유의지를 의미하지 않는다(자유 ≠ 자유의지).

"…그 돌은 자신의 노력만을 의식하고 있으므로, 자신이 매우 자유롭다고 믿을 겁니다. 그리고 자신이 계속 움직이는 것은 오로지 자신이 그러길 원하기 때문이라고 생각하겠지요."

스피노자는 외부 원인과 무관하게 선택할 수 있다는 전통적인 '자유의지' 개념을 부정한다. 그런 생각은, 마치 돌이 자기 의지로 움직인다고 믿는 것과 같은 환상에 불과하다는 것이다.

인간 역시 자신의 욕망은 인식하지만, 그 욕망을 유발한 외적 원인에 대해서는 무지하기 때문에, 스스로 자유롭다고 느낄 수 있다. 그러나 이러한 무지는 곧 감정의 지배, 즉 '정념의 노예 상태'로 이어질 수 있다.

따라서 스피노자에 따르면, **진정한 자유는 자기 인식**에서 비롯된다. 자신의 행동을 유발한 원인을 올바로 이해함으로써, 더 큰 자율성과 통제력을 갖고 행동할 수 있게 되는 것이다. 즉, 인간을 형성하는 인과적 원리를 인식함으로써 이성에 따라 행동하게 되며, 비이성적 충동이나 정념이 아닌 이성이 삶의 방향을 이끌게 된다.

지금 시작되는, 자유!

1. 감정이 올라올 때, 우리는 누구의 명령을 따르는가?

회의 도중, 팀장의 말에 억울함이 치밀었다.
무시당한 기분, 화, 자존심의 반격이 동시에 올라왔다.
입 안은 말라가고, 손은 떨리기 시작했다.
이 순간, 우리는 흔히 이렇게 말한다.
"나 너무 화나." "저 사람 때문에 나 기분이 상했어."
하지만 스피노자라면 다르게 묻는다:
"지금 자네 안에서 움직이고 있는 힘은 어디서 온 것인가?"
"자네가 그 감정의 주인인가, 아니면 감정이 자네를 사로잡고 있는가?"
스피노자에 따르면 우리는 '정념의 강제' 아래 놓인 존재다.
외적 자극에 의해 반응하면서도, 그 반응을 '내 뜻'이라 착각하는 상태,
이것이 그가 말하는 '노예 상태'다.

2. 감정을 억누르지 말고, 이해하라!

스피노자는 감정을 없애야 한다고 말하지 않는다.
그는 이렇게 말한다:
"정념은 명료한 인식을 통해 극복된다."
즉 감정에 끌려가지 않기 위해 필요한 것은 억제나 도피가 아니라,
그 감정이 왜 생겼는지를 명확히 이해하는 일이다.

예를 들어, 그가 회의 중에 느꼈던 그 분노는 어디서 비롯된 것일까?
과거의 상처? 인정받고 싶었던 기대?
팀장의 언행이 내가 중요시하는 가치를 건드렸기 때문일까?
이러한 질문을 통해 우리는 감정의 수동적 대상이 아니라,
감정을 능동적으로 구성하는 자리에 선다.

3. 자유는 '선택의 권리'가 아니라 '내 본성의 이해'다!
많은 사람들은 자유를 '선택할 수 있는 능력'으로 여긴다.
하지만 스피노자는 말한다:
"자유란, 내 본성의 필연성을 이해하고 그것에 따라 사는 것이다."
즉, 자유는 무엇이든 할 수 있는 상태가 아니라,
자신이 어떤 존재인지 알고 그에 따라 조화롭게 살아가는 상태다.
타인의 평가에 휘둘리지 않을 때,
감정의 물결 속에서 자기 자신을 볼 수 있을 때,
타인의 악의조차도 '필연적 인과의 한 고리'로 받아들일 수 있을 때,
우리는 더 이상 반응하는 존재가 아니라
자기 내면의 원인에 따라 작용하는 존재, 곧 자유로운 인간이 된다.

우리는 모두 움직이고 있습니다.
하지만 '왜' 움직이는지를 아는 사람만이 자기 삶의 주인이 됩니다.
이제, 회의에서 분노가 올라오는 바로 그 순간,
우리는 선택할 수 있습니다.
그 감정을 느끼되, 그 감정을 분석하고, 그 감정에 휘둘리지 않는 삶.
그것이 스피노자가 말한 자유이며,
철학이 오늘, 지금 여기서 살아 숨 쉬는 방식입니다.

스피노자와 함께 생각의 문을 여는

지금 바로 플레이되는 철학!

역자의 글

"자유롭다는 건 무엇일까?" 철학이 던지는 진짜 질문

장진영

자유란 무엇인가?

책의 첫 장은 '자유'의 의미를 묻는 데서 시작한다. 우리는 일상에서 '자유'라는 말을 자주 사용하지만, 그 의미는 생각보다 훨씬 복잡하고 다의적이다. 자유는 단순히 하고 싶은 대로 하는 상태를 뜻하지 않는다. 오히려 상황에 따라 다양한 방식으로 구분되며, 철학자들 사이에서도 그 정의는 다각도로 논의된다.

'자신이 원하는 것을 할 수 있는 능력'이라는 막연한 정의 대신, 철학자들은 자유를 신체적, 도덕적, 정치적, 형이상학적 자유로 나누어 보다 구체적으로 설명한다. 예를 들어, 장애가 있거나 감옥에 갇힌 사람은 신체적으로 자유롭지 않다. 한편 도박에 빠진 사람은 겉보기엔 자유로워 보여도, 내면에서는 욕망에 얽매여 있으므로 정신적으로 자유롭지 않다. 이처럼 욕망이나 충동을 이성적으로 통제할 수 있는 능력은 '도덕적 자유'라 불린다.

라이프니츠는 법적으로 허용된 자유와 실제로 실행 가능한 자유를 구분한다. 법이나 제도가 허용하지 않을 경우, 우리는 정치적으로 자유롭지 않다고 할 수 있다. 또한 '형이상학적 자유'란 외부의 영향을 받지 않고 자신의 의지에 따라 스스로 결정을 내릴 수 있는 능력을 의미한다.

결국 자유란 단순한 해방이나 선택의 가능성이 아니라, 자신을 움직이는 동기와 조건을 자각하고, 그것을 이해하며, 스스로 선택할 수 있는 능력에 관한 문제다. 이는 철학의 핵심 주제이자, 인간으로서의 삶을 성찰하는 출발점이 된다.

자유, 선택, 그리고 책임

두 번째 장에서는 선택과 책임의 문제를 다룬다.

"내가 선택했어"라고 말하면서도, 그것이 진정 내가 원했던 선택이었는지 자문하게 된다.

데카르트는 인간이 다양한 가능성 중에서 스스로 결정할 수 있기 때문에 자유롭다고 보았다. 그러나 모든 선택이 같은 수준의 의미를 지니는 것은 아니다. 예를 들어, 점심 메뉴를 고르는 일은 사소하지만, 인생을 좌우하는 선택은 이성과 깊은 성찰을 필요로 한다. 이성과 성찰을 통한 선택일수록 더 '자유로운' 선택이라고 말할 수 있다.

    사르트르는 인간을 사물과 달리 본질이 미리 정해지지 않은 존재, 즉 실존이라고 보았다. 우리가 어떤 사람이 될지는 우리의 선택과 행동에 달려 있으며, 그는 이를 "실존은 본질에 앞선다"라는 말로 표현했다. 도덕규범이나 종교적 권위는 우리가 어떤 존재가 되어야 하는지를 대신 결정해줄 수 없다. 우리는 스스로 선택하고, 그 선택의 결과에 책임을 져야 한다.
    자유는 바로 이 책임과 함께 주어진다. 하지만 인간은 항상 자유롭게 행동하지는 않는다.
    밀그램의 실험은, 사람들이 권위 앞에서 얼마나 쉽게 자유를 포기할 수 있는지, 그리고 그로 인해 타인에게 어떤 해를 끼칠 수 있는지를 보여 준다. 우리는 스스로 자유롭다고 믿지만, 실은 주변 환경이나 사회적 압력에 따라 쉽게 흔들릴 수 있는 존재다.
    자유란 단지 선택할 수 있는 능력이 아니라, 무엇을 근거로 선택하는가, 그리고 외부 압력에 흔들리지 않고 자신의 판단을 지킬 수 있는가에 달려 있다.

법과 자유: 제한인가, 보장인가?
    법은 종종 우리의 자유를 제한하는 장치처럼 느껴진다. 그러나 이 책의 3장에서는 오히려 법이 자유를 가능하게 하는 조건이 될 수 있다는 새로운 관점을 제시한다.
    운명론에 따르면, 인간의 삶은 이미 정해져 있으며, 인간은 그 어떤 사건의 흐름에서도 자유로울 수 없다고 본다. 오이디푸스 신화에서도 확인할 수 있듯, 인간은 아무리 애써도 운명을 피할 수 없다는 관점이다. 이런 세계관에서는 자유란 단지 환상에 불과하다.
    반면, 결정론은 자연의 모든 사건이 원인에 의해 발생하며, 그에 따른 결과가 필연적으로 이어진다고 본다. 즉, 자연에는 법칙이 있으며, 인간이 이 자연의 법칙을 잘 이해하고 활용할 수 있다면 오히려 더 큰 자유를 누릴 수 있다는 입장이다. 알랭은 역풍을 맞으며 배를 조종하는 어부의 비유를 통해, 자연법칙을 아는 것이 오히려 자유로운 행동을 가능하게 만든다고 설명한다.

그렇다면 자연법칙이 아닌 사회적 규칙, 즉 '법'은 어떨까? 장 자크 루소는 법이 단순히 개인을 억누르는 억압적 장치가 아니며, 오히려 모든 사람이 평등하게 따를 수 있는 공통의 기준이 될 때 진정한 자유를 가능하게 한다고 주장한다. 모든 시민이 함께 만든 공정한 법이 존재할 때, 비로소 자유가 실현된다는 것이다. 자신이 만들지 않은 법에 복종하는 태도는 군주제도 아래의 '신민'의 모습이다. 반면, 내가 동의하고 원해서 스스로 만든 법에 따를 때, 나는 굴종적 신민이 아닌 자유로운 시민이 된다. 이러한 관점에서 보면, 법은 자유를 제한하는 것이 아니라, 오히려 자유를 보호하고 조율하는 역할을 한다.

진정한 자유란 무엇인가?

우리는 흔히 하고 싶은 것을 마음껏 할 수 있는 상태를 '자유'라고 생각한다. 그러나 철학자들은 이러한 통념에 의문을 제기한다. 과연 욕망대로 사는 것이 진정한 자유일까?

스피노자는 욕망이나 감정에 휘둘리는 사람은 자유로운 것이 아니라, 오히려 자기 마음의 노예 상태에 있다고 보았다. 예컨대 도박이나 충동적 소비에 빠지는 사람은 순간적으로는 자유롭게 느낄 수 있지만, 결국 자신을 통제하지 못하고 욕망에 이끌려 살아가게 된다. 진정으로 자유로운 사람은 욕망을 이성으로 통제하고, 이성적으로 판단하고 행동할 줄 아는 사람이다.

스피노자는 자유를 "필연성을 자율적으로 받아들이는 것"이라고 정의하기도 한다. 이는 세상의 모든 일이 원인과 결과로 연결되어 있다는 사실을 인식하고, 그 속에서 자신의 욕망과 위치를 명확히 이해하며 살아가는 것이 바로 자유라는 의미다.

에픽테토스 역시 비슷한 맥락에서, 우리가 피할 수 없는 일들—노화, 죽음, 재난 등—을 거부하거나 불평하는 대신, 그것들을 자연의 일부로 받아들이고 그 일이 일어나기를 스스로도

원하게 되는 상태에 도달해야 자유로워질 수 있다고 주장한다. 바꿀 수 없는 것을 억지로 바꾸려 하기보다, 그것을 받아들이고 순응할 때 오히려 마음의 자유를 얻게 된다는 것이다. 현명한 사람은 세상을 바꾸려 하기보다, 자신의 태도를 바꾼다.

   스피노자와 에픽테토스, 이 두 철학자는 공통적으로 자유를 외적인 조건이나 충동적 욕망이 아닌, 내면의 인식과 태도에서 찾는다. 이들의 견해를 종합해보면, 진정한 자유란 나를 움직이는 감정과 세상의 질서를 이해하고, 그것을 스스로 받아들이는 것이다. 단지 하고 싶은 대로 행동하는 것이 아니라, 내가 무엇에 의해 움직이는지를 자각하고, 그 자각을 바탕으로 세상과 조화를 이루며 살아가는 것에 가깝다.

   우리는 종종 자유롭게 선택한다고 믿지만, 실제로는 감정이나 외부의 영향에 쉽게 휘둘리는 경우가 많다. 진정한 자유는 이성적 성찰, 책임 있는 결정, 공정한 법과의 조화 속에서 실현된다. 자유는 단순한 방종이 아니라, 자기 이해와 욕망의 통제, 그리고 공동체 속에서 조화를 이루려는 의지를 통해 획득되는 삶의 태도이다.

   이러한 철학적 성찰을 바탕으로, 독자 모두가 진정한 의미에서 '자유로운 존재'로 거듭나기를 바란다.

철학의 힘

자유

초판 1쇄 발행 | 2025년 5월 30일

글 | 마르틴 가스파로브
그림 | 에밀리 부데
옮김 | 장진영

펴낸이 | 신난향
편집위원 | 박영배
펴낸곳 | (주)맥스교육(맥스미디어)
출판등록 | 2011년 8월 17일(제2022-000038호)
주소 | 경기도 성남시 분당구 운중로 142, 903호(운중동, 판교메디칼타워)
대표전화 | 02-589-5133   **팩스** | 02-589-5088
홈페이지 | www.maksmedia.co.kr   **블로그** | blog.naver.com/sangsuri_i
책임편집 | 김소연
디자인 | 박지영
영업·마케팅 | 배정아
경영지원 | 박윤정

ISBN 979-11-5571-250-4 07100

＊이 책의 내용을 일부 또는 전부를 재사용하려면 반드시 (주)맥스교육(맥스미디어)의 동의를 얻어야 합니다.
＊잘못된 책은 구입한 곳에서 바꾸어 드립니다.